THÈSE

POUR LA LICENCE.

L'ACTE PUBLIC SUR LES MATIÈRES CI-APRÈS SERA SOUTENU LE LUNDI 3 MAI 1847,

À trois heures,

PAR ÉMILE FAGE,

Né à Tulle (Corrèze).

PRÉSIDENT : M. DE PORTETS, PROFESSEUR.

SUFFRAGANTS :
- MM. BONNIER,
- BRAVARD,
- DU CAURROY, } PROFESSEURS.
- MACHELARD, SUPPLÉANT.

*Le Candidat répondra en outre aux questions qui lui seront faites
sur les autres matières de l'enseignement.*

PARIS,

IMPRIMERIE ADMINISTRATIVE DE PAUL DUPONT,

Rue de Grenelle-Saint-Honoré, 55.

1847.

THÈSE
POUR LA LICENCE.

L'ACTE PUBLIC SUR LES MATIÈRES CI-APRÈS SERA SOUTENU LE LUNDI 3 MAI 1847,

A trois heures,

Par ÉMILE FAGE,

Né à Tulle (Corrèze).

PRÉSIDENT : M. DE PORTETS, PROFESSEUR.

SUFFRAGANTS : { MM. BONNIER, BRAVARD, DU CAURROY, } PROFESSEURS. MACHELARD, SUPPLÉANT.

Le Candidat répondra en outre aux questions qui lui seront faites sur les autres matières de l'enseignement.

PARIS,
IMPRIMERIE ADMINISTRATIVE DE PAUL DUPONT,
Rue de Grenelle-Saint-Honoré, 55.

1847.

A mon Père, à ma Mère,

A MONSIEUR ORTOLAN,

*Marque de mon profond respect
et de ma vive reconnaissance.*

JUS ROMANUM.

AD MUNICIPALEM ET DE INCOLIS.

(D., livr. L, tit. i.)

Municipes sunt, qui muneribus cum populo romano sunt participes, qui muneribus civitatis Romæ fungi possunt. Illi etiam, qui non sunt muneris participes, si in hoc municipio nati sunt, municipes impropriè dicuntur et obligantur muneribus hujus municipii, licet nullam munerum societatem cùm populo romano habeant. Municipes aut originarii aut incolæ sunt.

Municipem aut nativitas facit, vel manumissio, vel adoptio, vel allectio.

Originem patris filius sequitur. Si diversæ originis parentes, patris non matris originem sequuntur liberi, nisi speciale aliquod privilegium civitas habeat. Exceptio est in spuriis.

Libertini originem domiciliumque patronorum sequuntur, item qui ex his nascuntur.

Ex causâ fidei commissi manumissus, in muneribus civilibus manumissoris originem sequitur, non ejus qui libertatem reliquit.

Jus originis in honoribus obeundis ac muneribus suscipiendis, adoptione non mutatur, sed novis muneribus filius per adoptivum patrem adstringitur. Municipem allectio facit, si nempè civitas aliquem in suos cives alleget, ut munerum fiat particeps. Origine propriâ neminem posse voluntate suâ eximi manifestum est.

Municeps desinit, senatoriam adeptus dignitatem, quantùm ad munera ; quantùm verò ad honores retinere creditur originem. Captivitate jus municipatûs amitti, sed per postliminium recipi probatum est.

Incola est qui aliquâ regione domicilium suum contulit. Domicilium facit potissimum sedes fortunarum suarum quas quis in aliquo loco habet. Est prætereà domicilium pœnæ, item dignitatis.

Domicilium relegati in eam regionem in quam relegatus fuit necesse est. Quoàd dignitatis domicilium, intelligitur de eo quod senatores in urbe retinent.

Pluribus in locis quis potest habere domicilium. Qui domicilium in loco originis habet, sed frequentiùs alibi habitat, pristinum habet domicilium, nam duo vincula concurrunt.

Mulier, quandiù nupta est, incola est ejusdem civitatis cujus maritus est, et ibi undè originem trahit, muneribus fungi non potest. Vidua mulier amissi mariti domicilium retinet; libertini, item illi qui ex his nascuntur, patronorum sequuntur domicilium, donec ipsi sibi aliud constituant.

Pro civibus non habendi sunt qui in loco habitantes sub alteriùs jurisdictione, ut clerici, professores, qui in civitate conduxerunt prædia, comparaverunt solam domum.

Domicilium re et facto, non nudâ contestatione, transfertur.

DE IN JUS VOCANDO.

(D., livr. II, tit. iv.)

In jus vocare est juris experiundi causâ vocare.

Personæ quædam in jus vocari planè non debent vel ob officium, vel ob religionem, vel ob utilitatem publicam. Non possunt vocari, magistratus quandiù in potestate est, pontifex dùm sacra facit, nec qui ad asylum confugit, nec qui equo publico transvehitur causâ utilitatis publicæ, qui ducit uxorem, aut quæ nubit, non furiosi, nec infantes, nec qui funus domesticum sequuntur.

Quædam aliæ personæ, etsi eas vocare liceat, vocari non possunt sine veniâ prætoris, ut sunt patroni et parentes.

, Mater non potest vocari à filio vulgò concepto, nec adoptato à filio parens adoptivus, nec pater naturalis à filio in adoptionem dato.

Edicti verba limitantur, si liberi patroni capitis accusaverint libertum, vel in servitutem petierint.

Nemo de domo suâ in jus vocari potest, quia domus, inquit Cicero, profugium est sanctum omnibus, ut indè neminem abripi fas sit.

In eos qui in edictum peccaverunt, quinquaginta aureorum judicium datur.

QUI SATISDARE COGANTUR, ETC.

(D., livr. II, tit. viii.)

Satisdatio est cautio fidejussoribus facta. Qui dat fidejussorem judicio sistendi causâ, ne eat in jus statim, et ne mulctam subeat, jubetur assiduum et locupletem fidejussorem dare pro rei qualitate, nisi fidejussor detur à necessariis personis, puta pater, patronus, patrona ve, qui quæ ve vocatur cum veniâ prætoris.

Nisi in certam quantitatem fidejussor se obligaverit, tenetur in id quanti interest actoris.

Quandò vitiosè cautum, cautio habenda est nulla.

Personæ quædam fidejussionem adhiberi non possunt, ut mulieres, milites, minores viginti quinque annos.

Excipiuntur è fidejussoribus personæ leves et perversorum mororum. Possessio rerum soli liberat à satisdatione.

SI QUIS CAUTIONIBUS.

(D., livr. II, tit. xi.)

Committitur cautio judicio sisti, cùm reus non sistitur quâ die debet sisti et quidem in eâdem causâ, id est in eo statu, ut persecutio actori non reddatur deterior.

Varias ob causas reus excusari potest à pœnâ deserti vadimonii, si de lite transactum sit, si, ob munus municipale, si valetudine, vel tempestate, vel vi fluminis impeditus, si coactus fuit perhibere testimonium in judicio, si mulier gravida, si quis à magistratu detentus est sinè suâ culpâ.

In fidejussorem qui aliquem judicio sisti promiserit, tanti quanti ea res erit actionem dat prætor; sed frustrà, si fidejusserit personis quæ agere non poterant.

Qui exhibiturum se aliquem judicio caverit, mortuo eo pro quo caverat, periculo cautionis liberatur. Si autem post diem exhibitionis decesserit, utiliter agi potest.

DROIT FRANÇAIS.

DU DOMICILE.

Avant 1789, alors que les droits féodaux pesaient encore sur la France bourgeoise et plébéienne, que plus de trois cents coutumes se partageaient notre territoire, une thèse sur le domicile eût soulevé des questions d'un intérêt capital. Réglant, en effet, d'une manière différente, suivant qu'il était fixé dans telle ou telle province, l'époque de la majorité, la communauté légale, les droits de primogéniture, etc., etc., le domicile s'attaquait au fond même des prétentions des parties ; aussi s'élevaient-ils, sur les limites de ces nombreuses juridictions, des conflits de la plus grave importance qui mettaient les Français aux prises et tenaient en suspens les droits civils. La législation moderne, en absorbant dans sa large unité toutes ces législations locales, a simplifié notre tâche, et désormais l'intérêt des questions de domicile se rattachera à l'exécution des actes judiciaires. Le titre III du Code civil rentre, par plus d'un côté, dans le Code de procédure.

Toutefois, bien que le sujet ait perdu de sa gravité en perdant de son étendue, bien qu'il se présente à nous débarrassé de ses plus sérieuses difficultés, il est encore nécessaire de connaître, de localiser le domicile ; il importe de fixer un lieu qui représente la personne, et auquel les tiers, qui ont avec elle des relations d'intérêt, devront s'adresser pour réclamer leurs droits. Ce siége légal, juridique, créé par la loi, déterminera : 1º le lieu où s'ouvre la succession ; 2º celui où les exploits de toute espèce peuvent être régulièrement

2

signifiés; 3° le tribunal devant lequel une personne peut être assignée valablement.

Nous rangerons le domicile sous deux catégories distinctes : le domicile politique et le domicile civil.

CHAPITRE PREMIER.

DU DOMICILE CIVIL.

Le domicile de tout Français, quant à l'exercice de ses droits civils, est au lieu où il a son principal établissement, où il a fixé sa demeure, le centre de ses affaires, le siége de sa fortune, attaché les habitudes et les affections de toute sa vie. Cette définition du domicile, contenue en germe dans l'article 102, indique suffisamment qu'il n'est pas, en principe, imposé par la loi, qu'il tient essentiellement à l'individu, et que l'individu peut le déplacer au gré de son intérêt ou de son caprice.

On distingue plusieurs espèces de domiciles civils : le domicile réel, le domicile d'élection, le domicile quant au mariage. Nous les parcourrons successivement.

§ 1er. — *Du domicile réel.*

A vrai dire, il n'y a qu'un seul domicile véritable, complet, qui subsiste pour toutes les affaires civiles indistinctement, qui dispense de tous les autres : c'est le domicile réel. Nous en avons tracé plus haut les principaux caractères.

La loi qui se saisit de l'homme dès la naissance, pour ne plus l'abandonner jusqu'à l'autre extrémité de la vie, lui impose, dès ce moment, un domicile réel, qu'il conserve jusqu'à ce que l'émancipation ou la majorité lui permettent de manifester utilement une volonté contraire. Le domicile, en effet, ne peut se constituer sans le concours de la volonté. Le fait seul de l'habitation n'établit qu'une résidence toujours censée passagère, tant que l'intention de la rendre perpétuelle n'est pas clairement indiquée. Cette intention suffit même pour conserver le domicile, fût-elle en opposition avec le fait.

Parmi les personnes à qui la loi impose un domicile que nous appellerons *forcé*, par rapport au domicile que peuvent se choisir celles qui ont la libre disposition d'elles-mêmes, nous comprendrons :

1° La femme mariée que le devoir enchaîne auprès de son mari, qui ne peut s'en tenir éloignée que par l'effet d'un délit de sa part, ou d'une tolérance momentanée de la part du mari.—On juge généralement que la séparation de corps, affranchissant, en partie, la femme des liens de la tutelle maritale, la dégageant de l'obligation d'habiter avec son conjoint, lui donne le droit de se choisir un domicile.

2° Le mineur non émancipé. Il a pour domicile celui de ses père et mère ou des personnes sous l'autorité desquelles la loi l'a placé. Il importait qu'il fût domicilié chez ceux qui ont tout pouvoir pour administrer sa personne et ses biens. Les mêmes motifs ont conduit le législateur à rattacher le domicile du majeur interdit à celui de son tuteur. — Si, après la dissolution du mariage, le père survivant n'exerçait pas la tutelle, le domicile du tuteur serait celui du mineur.

Il suit de là, que l'enfant d'un soldat naissant au régiment n'aura pas son domicile au régiment, mais bien au lieu de son père, de sa mère ou de son tuteur. Quand cessera-t-on de dire : le domicile du soldat est sous les drapeaux ? le domicile du marin est à bord de son vaisseau ? Que de gens prennent cela pour un axiome légal ! ce n'est qu'une licence poétique.

3° Les majeurs ou mineurs émancipés qui servent ou travaillent habituellement chez autrui. Ils ont le domicile de la personne qu'ils servent ou chez laquelle ils travaillent. Leur industrie, leurs services journaliers forment leur principal établissement. Cette règle n'est applicable ni au mineur non émancipé, ni à la femme mariée, ni aux vignerons, métayers, colons partiaires.

4° Les citoyens qui acceptent des fonctions publiques conférées à vie. L'acceptation de ces fonctions emporte translation immédiate du domicile des fonctionnaires dans le lieu où elles doivent être exercées. Cette translation est indépendante d'une volonté contraire, manifestée par l'établissement que le fonctionnaire ferait ailleurs de ses foyers et du siége principal de sa fortune.

Le Code civil ne s'est occupé que des interdits pour cause de démence. Il ne s'est point expliqué sur le domicile des condamnés aux travaux forcés à temps ou à la réclusion, durant l'interdiction qui les frappe. Nous pensons que leur domicile est celui du curateur nommé pour administrer leurs biens.

Nous avons vu que la volonté est un des éléments constitutifs du domicile, et qu'elle suffit pour le conserver, sans qu'il soit besoin d'une résidence actuelle. Pour le déplacer, le changer, il faut le concours de l'habitation réelle dans le nouveau lieu, et de l'intention d'y rester fixé.

Le fait n'est qu'une notoriété à constater ; point de difficulté à cet égard.

La preuve de l'intention est des plus faciles quand celui qui transfère son domicile a fait une double déclaration expresse, tant à la municipalité du lieu qu'il quitte qu'à celle du lieu où il veut transférer son domicile ; mais cette déclaration n'est que facultative ; et, dans la pratique, il arrive trop rarement qu'on tienne compte du sage avertissement de la loi. Les juges doivent alors, pour éclairer leur religion, chercher les preuves de l'intention dans une foule de circonstances qui reçoivent, de leur réunion ou de leur isolement, plus ou moins de force, et dont l'appréciation est laissée à la sagesse des magistrats. Ils peuvent s'aider des décisions romaines. Observons, en terminant ce chapitre, que, dans le doute sur le changement de domicile, c'est à celui qui allègue ce changement à en fournir la preuve. S'il y a incertitude sur l'intention et sur le fait, il faut croire à l'esprit de retour, et se décider pour le domicile d'origine.

§ 2. — *Domicile d'élection.*

Lorsque les parties stipulent élection de domicile pour l'exécution d'un acte, toutes les significations, demandes et poursuites relatives

à cet acte peuvent être faites au domicile convenu ; la promesse de
payer dans un lieu n'en opérerait pas l'élection, et ne constituerait
pas un domicile attributif de compétence. Quand il y a domicile
élu, le demandeur peut encore assigner le défendeur au domicile
réel ; cependant, comme les conventions légalement formées tien-
nent lieu de loi à ceux qui les ont faites, il faut interpréter la
volonté des parties. Un débiteur qui aurait formellement élu domicile, dans son intérêt exclusif, pourrait décliner la compétence du
tribunal de son domicile réel, s'il était assigné devant lui. L'élection demeurerait obligatoire pour le créancier. La partie qui a fait
élection est censée avoir conféré à une personne demeurant dans
tel lieu, le mandat de recevoir les significations relatives à l'acte. Elle
peut le révoquer en notifiant à l'autre partie l'élection d'un nouveau
domicile dans le même endroit et dans la même ville. L'élection de
domicile dans un acte est souvent commandée par la loi ; tels sont
les cas de saisie, d'inscription hypothécaire. .

Le domicile élu diffère du domicile réel, en ce qu'il est spécial et
ne s'applique qu'à une affaire, à un acte, en ce que, étant l'effet
d'un contrat, il passe aux héritiers des parties.

§ 3. — *Domicile quant au mariage.*

Le législateur, afin de favoriser les mariages, a créé, indépendam-
ment du domicile ordinaire, un domicile spécial. Aux termes de
l'article 74, le mariage sera célébré dans la commune où l'un des
deux époux aura son domicile. Ce domicile, quant au mariage, s'éta-
blira par six mois d'habitation continue dans la même commune.

Ainsi donc pour qu'un mariage puisse être célébré dans une commune, il suffit d'y avoir résidé sans interruption pendant six mois.
Il ne s'agit plus ici d'intention, d'*animo*, comme dans les questions
de domicile ordinaire. Les époux auront le choix de célébrer leur
mariage soit à leur domicile réel, quelle que soit, d'ailleurs, la durée
de la résidence, soit à ce domicile spécial et tout de faveur. Dans
le cas où l'on se marierait au domicile de la résidence, il faudra tou-

jours que les publications soient faites au domicile réel ; dans le cas contraire, elles ne sont exigées qu'autant que le domicile réel où l'on se marie ne sera point acquis par six mois de résidence.

Cette interprétation de l'article 74 offre donc ce double avantage de faciliter la célébration des mariages et de provoquer l'attention des parties intéressées à s'y opposer.

§ 4. — *Domicile des étrangers.*

La législation qui régit le sort des étrangers en France a subi à diverses époques d'importantes modifications qui, toutes, portent l'empreinte profonde des phases successives qu'elle a traversées. C'est d'abord le droit d'aubaine flétri par Montesquieu. Vient ensuite l'Assemblée Constituante qui décrète, en quelque sorte, la fraternité des nations et leur ouvre les portes hospitalières de la France. Le Code civil, plus soupçonneux à l'égard des étrangers, porte une loi de défiance, basée sur les règles de la plus stricte réciprocité. Enfin, arrive la loi du 14 juillet 1819 qui semble faire un retour vers les principes de l'assemblée constituante. N'en sachons pas trop de gré aux législateurs de 1819 ; ils ont eu la main forcée par les circonstances, et se sont donné les apparences de la générosité, tout en prenant une mesure égoïste, étroitement nationale. Ils nous rappellent Caracalla ouvrant les portes de la cité romaine aux *peregrini*, étendant les bienfaits de la vie civique à tous les habitants de l'empire, dans la secrète pensée d'enrichir le fisc. Il ne faudrait pourtant pas oublier que, toutes les fois qu'il s'est agi de donner des exemples d'abnégation nationale, l'initiative a toujours appartenu à la France, et que la loi du sacrifice, bien quelle n'ait pas de sanction dans ses codes, est écrite à toutes les pages de son histoire.

Espérons que nos législateurs, quand leur attention sera de nouveau appelée sur la matière de la contrainte par corps, par exemple, ne se borneront pas à en rendre l'application aux nationaux plus dificile et moins dure, et qu'ils en adouciront aussi les rigueurs pour l'étranger.

Aux termes de l'article 13 du Code civil, l'autorisation que le Roi accorde à un étranger de fixer son domicile en France, lui confère la jouissance de tous les droits civils. Il ne cesse pas cependant d'être soumis aux lois personnelles de son pays. Une distinction serait ici nécessaire. Evidemment, celui qui abandonne sa patrie, sans esprit de retour, qui l'abdique à jamais pour venir se placer sous le régime protecteur et plus humain de nos Codes, un serf de Russie, par exemple, doit être régi par la loi française. S'il en était autrement, nous assisterions au plus choquant des spectacles.

CHAPITRE II.

DU DOMICILE POLITIQUE.

Le domicile politique est au lieu où le citoyen donne son suffrage dans les assemblées délibérantes.

Tout citoyen français a son domicile politique dans l'arrondissement électoral du lieu où il a son domicile réel, mais le domicile politique réuni en principe au domicile civil peut en être séparé par l'accomplissement de certaines formalités, qui servent à constater l'intention. Ainsi tout électeur, qui voudra transférer son domicile politique dans un arrondissement autre que celui de son domicile civil, devra en faire la déclaration, six mois avant le 21 octobre, au greffe du tribunal civil, tant de l'arrondissement qu'il voudra quitter que de celui où il voudra transférer son domicile. Il ne pourra le transférer que dans un arrondissement où il acquitte quelqu'une des contributions qui confèrent la qualité d'électeur.

Ce domicile politique une fois séparé ne suit plus les variations du domicile réel ; il ne peut y être réuni qu'au moyen des déclarations prescrites, ou bien lorsque l'électeur cesse d'y payer les contributions éxigées.

L'acceptation de fonctions publiques irrévocables emporte de plein droit translation immédiate tant du domicile politique que du domicile civil dans l'arrondissement du lieu où elles doivent être exercées.

AJOURNEMENTS.

Cum res peragi inter parietes nequisset, in jus ventum est. Quand on a épuisé les moyens de conciliation et que les parties ne peuvent s'entendre, il faut aller devant le juge; l'ajournement commence le procès; c'est le point de départ de l'instance. Il a pour objet d'aver_ tir le défendeur de comparaître et de préparer sa défense; car nul ne doit être condamné sans avoir été averti et entendu. Pour pouvoir assigner et être assigné, il faut avoir un intérêt à la contestation, et être capable d'ester en justice.

Il est de l'essence même des ajournements qu'ils contiennent toutes les mentions destinées à garantir que l'assigné peut reconnaître le ré- clamant, juger ses prétentions, se reconnaître lui-même. A cause de l'importance de cet acte, la loi exige qu'il soit fait par le ministère d'un huissier, et en prescrit les formalités, à peine de nullité. L'a- journement doit contenir la date des jours, mois et an, les noms, profession et domicile du demandeur et de l'huissier, plus l'imma- tricule de ce dernier, les noms et demeure du défendeur, la désigna- tion de la personne à qui l'huissier laisse la copie. Il faut de plus qu'un ajournement déclare le tribunal devant lequel le défendeur devra comparaître, le délai dans lequel il devra se présenter, et le nom de l'avoué qui représentera le demandeur;

Qu'il fasse connaître au défendeur l'objet de la demande;

Qu'il contienne la preuve que le préliminaire de conciliation a été observé, si l'action ne peut être reçue sans que les parties aient tenté la conciliation. Fixer l'objet de la demande, c'est, en fait de meubles, désigner le poids, le nombre et l'espèce; en fait d'immeubles, c'est désigner la nature de l'héritage, la commune et, autant qu'il est pos- sible, la partie de la commune où il est situé, deux au moins des te- nants et aboutissants.

L'objet de la demande doit être assez clairement déterminé pour qu'il n'y ait pas de méprise possible de la part du défendeur; ce n'est pas à dire pour cela que, dans le cas où il existerait une erreur por-

tant sur la désignation, l'exploit fût frappé de nullité, si d'ailleurs la
désignation était suffisante, et l'objet de la demande bien connu. Il ne
suffit pas de désigner la demande ; il est nécessaire de la justifier, et
pour cela de signifier avec l'exploit copie des titres sur lesquels elle re-
pose. Ce n'est pas tout, il faut encore que le défendeur soit assigné devant le tribunal compétent, qu'il soit constant que l'exploit lui a été
donné. C'est pourquoi toutes assignations doivent être remises à la personne, ou, au domicile, aux mains de ses domestiques et parents. Si
l'huissier ne trouve au domicile ni le défendeur, ni aucun de ses parents ou serviteur, il ne doit point y laisser cette copie, quand même
quelque autre personne se chargerait de la remettre à sa destina-
tion. Dans ce cas, il la confiera au voisin, et en constatera la remise
ainsi faite par la signature de ce dernier au bas de l'original. Si le
voisin ne peut ou ne veut signer, l'huissier s'adresse au maire, ou, en
son absence, à l'adjoint. Il lui remettra cette copie et obtiendra son
visa, après avoir fait mention de toutes ces circonstances tant sur l'o-
riginal que sur la copie.

Si le défendeur n'a aucun domicile connu en France, il sera assigné à sa résidence actuelle ; et s'il n'a point de résidence, il sera fait
de l'exploit deux copies dont l'une sera affichée à la porte de l'au-
ditoire du tribunal où l'instance est portée, l'autre remise au procureur du roi. C'est le procureur du roi qui est chargé par la loi de
recevoir les assignations destinées aux étrangers et de les leur faire
parvenir.

Si, au lieu d'être dirigée contre un simple particulier, la poursuite
avait lieu contre des êtres fictifs, collectifs, il faudrait assigner l'État,
le trésor royal, les administrations ou établissements publics, la liste
civile, les communes, les unions et directions de créanciers, en la
personne et au domicile de ceux qui les représentent légalement ; les
sociétés de commerce au domicile social ; ceux qui habitent le territoire français, au domicile du procureur du roi près le tribunal où
la demande sera portée.

Enfin, pour en finir avec les formalités de l'ajournement, le défendeur doit avoir un délai suffisant pour comparaître. Ce délai est de huitaine franche pour ceux qui habitent en France. Il est prescrit à peine de nullité. Le demandeur peut, dans certains cas qui requièrent célérité, et avec permission du président, assigner à plus bref délai.

En principe, le demandeur suit le tribunal du défendeur, *actor sequitur forum rei.* Sans cette règle sage et protectrice, on eût été sans cesse exposé à la mauvaise foi des plaideurs qui, pour satisfaire leur rancune ou leur humeur processive se seraient fait un jeu d'attirer leurs adversaires d'un bout de la France à l'autre. Ce principe souffre exception: en matière réelle, le tribunal compétent est celui de la situation de l'objet litigieux; en matière mixte, le demandeur a le choix entre le tribunal de la situation et celui du domicile; en matière de succession, c'est le tribunal du domicile du défunt.

Nous nous bornerons, pour terminer la matière de l'ajournement, à indiquer plusieurs des effets qu'il produit : il oblige les deux parties à comparaître devant le juge sous les peines du défaut, — il saisit le juge de la cause, — il détermine l'étendue de la contestation principale sur laquelle le juge doit statuer, — il interrompt la prescription et fait courir les intérêts.

DES RENVOIS.

Lorsqu'une assignation a été donnée devant un juge incompétent, le défendeur a le droit de proposer un exception déclinatoire par laquelle il demande à être cité devant ses juges naturels; c'est ce que le Code entend ici par renvois, dénomination tout à fait impropre, et qu'il convient de remplacer par celle de déclinatoire, d'exception de compétence. Quelle est, en effet, la conduite du tribunal saisi et décliné ? renvoie-t-il l'affaire à un autre tribunal, devant tels autres juges qu'il désigne ? évidemment non ; il laisse aux parties le soin de se pourvoir devant qui de droit, et se borne à déclarer son incompétence.

Il y a deux sortes d'incompétence : l'incompétence à raison de la matière, *ratione materiæ*, et l'incompétence à raison du domicile du défendeur et de la situation de l'objet, *ratione personæ*.

L'incompétence est *ratione materiæ* lorsque l'affaire est portée devant un tribunal qui ne peut en connaître à raison de la nature du litige : telle serait une affaire civile portée devant un tribunal de commerce ; elle est *ratione personæ* lorsqu'une affaire est portée devant un tribunal qui pourrait, à la vérité, en connaître, sans excéder ses pouvoirs, mais qui en est empêché par des circonstances particulières tirées de la qualité du défendeur, de son intérêt, de la situation de l'objet litigieux : de là ces différences : 1.º l'incompétence *ratione materiæ* étant établie dans l'intérêt de l'ordre public et de la société, il ne peut y être dérogé par aucune convention, et l'exception qui en résulte peut être proposée en tout état de cause ; l'incompétence *ratione personæ* étant établie uniquement dans l'intérêt des parties ou de l'une d'elles, elles peuvent y renoncer, et elles sont censées l'avoir fait lorsqu'elles n'ont pas invoqué cette exception avant toutes autres exceptions et défenses ; 2° l'incompétence absolue peut être proposée par le demandeur lui-même, l'incompétence relative ne peut l'être que par le défendeur ; 3° l'incompétence absolue doit être, lorsque les parties se taisent, prononcée d'office par le tribunal : le tribunal, dans ce cas, n'a pas besoin d'indiquer les juges devant lesquels l'affaire doit être portée, il suffit qu'il renvoie devant qui de droit ; s'il s'agit d'incompétence relative, le tribunal valablement saisi par l'accord des parties, n'est pas tenu de se dessaisir, de se déclarer incompétent ; mais il ne faut pas croire qu'il soit lié, par cela même que les parties renoncent au déclinatoire d'incompétence. Il pourra toujours renvoyer le différend, refuser la connaissance d'une affaire entre parties qui ne sont pas ses justiciables.

Ici se rattachent naturellement les deux autres déclinatoires : le déclinatoire pour litispendance, et le déclinatoire pour connexité.

Il y a *litispendance*, lorsque la demande introduite devant un tribunal est déjà pendante devant un autre ; la loi a voulu éviter le danger des décisions contradictoires rendues par différents tribunaux ; mais il faut, pour qu'il y ait lieu à litispendance, que la cause réunisse les qualités requises par l'article 1351 du Code civil, identité dans la cause de la demande, identité dans son objet, et identité dans les parties. Il y a *connexité*, lorsque la cause portée devant un tribunal est dans un rapport tellement intime avec celle qui est portée devant un autre tribunal, qu'il est utile et nécessaire, pour éviter les contrariétés de jugements, que les deux questions soient décidées par les mêmes juges.

Bien que la loi se taise sur l'instant où peuvent être proposées ces deux dernières exceptions, nous pensons qu'elles peuvent l'être en tout état de cause, parce qu'il s'agit pour les parties d'un intérêt qui touche à l'ordre public, et qu'il peut arriver que la connexité des deux affaires ne se révèle que dans le cours de l'instance.

Dans tous les cas, les demandes en renvoi doivent être jugées sommairement sans qu'elles puissent être réservées ni jointes au principal ; on comprend, en effet, que la compétence du tribunal doit être déclarée avant que les juges aient à s'occuper du fond de l'affaire. Ils s'exposeraient à exercer un droit que peut-être, en définitive, ils reconnaîtraient ne point leur appartenir.

QUESTIONS.

Peut-on avoir plusieurs domiciles réels ? Non.

Peut-on n'en pas avoir ? Non.

La femme séparée de corps conserve-t-elle le domicile de son mari ? Non.

L'étranger a-t-il besoin de l'autorisation du roi pour avoir un domicile en France ? Non.

L'assignation donnée à un délai plus court ou plus long que le délai légal est-elle nulle ? Non.

Le tribunal du domicile du défendeur est-il compétent pour les questions d'état ? Oui.